PAULIN ET VIRGINIE,

OPERA EN TROIS ACTES.

Paroles du C. Dubreuil.

Musique du C. Le Sueur.

Représenté, pour la première fois, à Paris, sur le Théâtre de la rue Feydeau, le 24 Nivôse, l'an 2 de la République.

Prix, 30 sols.

A PARIS,

Chez HUET, Libraire, Marchand de Musique & d'Estampes, rue Saint-Honoré, vis-à-vis les Jacobins, N.° 70, & au Théâtre de la rue Feydeau;

Et chez les Citoyens DENNÉ & CHARON, Passage de la rue Feydeau.

L'an Second de la République.

PERSONNAGES.	ACTEURS.
HERMINIE, Mere de Virginie.	La citoyenne HEDOU-VERTEUIL.
VIRGINIE, fa Fille.	La citoyenne MARTIN.
SAINT-ALBE, Pere de Paulin.	Le C. CHATEAUFORT.
PAULIN, fon Fils.	Le citoyen GAVEAUX.
BALET } au fervice d'Herminie & S.-Albe.	La citoyenne LE SAGE.
DOMINGO }	Le citoyen LE SAGE.
SARA, jeune Efclave.	La citoyenne LE GROS.
UN SOLDAT Français.	Le citoyen VALIÈRE.
UN CAPITAINE de Vaiffeau.	Le citoyen GEORGET.
LE CHEF des Indiens.	Le citoyen MARTIN.
SOLDATS FRANÇAIS & MATELOTS de l'équipage.	
INDIENS & SAUVAGES.	
GENS de l'HABITATION.	

La Scène fa paffe à l'Ifle de France.

PAULIN ET VIRGINIE,

OPERA EN TROIS ACTES.

ACTE Ier

Le Théâtre représente le Bosquet de la Concorde, planté de papagniers, cocotiers, mangliers et autres arbres des Indes; et entr'autres, sur l'un des côtés, de deux jeunes Palmiers inégaux, au pied desquels il y a un petit banc de gazon: de l'autre côté, au fond, est une échappée de vue donnant sur la mer, auprès de laquelle sont des roches très-escarpées. Le jour commence à paraître; l'ouverture l'annonce: quand la toile est levée, on voit Virginie, autour des Roches, ramassant des coquillages dans un panier, et regardant de tems en tems si Paulin ne vient pas.

SCENE PREMIERE.

HYMNE DES SAUVAGES INDIENS AU SOLEIL.

Divin Soleil... ame du monde!..
Soleil, pouvoir nous t'adorer....
Tu viens nous éclairer,
Et dissiper la nuit profonde;

PAULIN ET VIRGINIE,

Pouvons-nous trop te rendre hommage ?
Astre puissant ! comment jamais
Nombrer le superbe assemblage
De tes beautés, de tes bienfaits ?

CORIPHÉE.

QUELLE clarté brillante & pure !
Quels feux ardents & bienfaiteurs !
Sans toi, que seroit la nature ?
Rien qu'un chaos rempli d'horreur.

CHŒUR.

HONNEUR ! honneur ! pere du jour ;
Cent fois honneur à ton retour.

CORIPHÉE.

ASTRE puissant, divin Soleil, ame du monde !
Répands sans cesse l'abondance
Sur nous & sur tout l'univers,
Et nos chants de reconnoissance
Toujours rempliront les airs.

HONNEUR ! honneur, &c.

SCENE II.
VIRGINIE, PAULIN.

VIRGINIE.

Paulin tarde bien à venir : quand je ne le vois pas, je ne suis pas maîtresse de mon ennui & de mon chagrin : nous nous étions pourtant donné parole au point du jour (*Paulin paraît*) : Ah ! (*elle fait un petit cri de surprise*) ah ! c'est toi, mon cher Paulin ! je t'attendais.

OPERA

PAULIN.

Tu m'attendais ?

VIRGINIE.

Oui.

PAULIN, *lui montrant les roches.*

J'étais là....

VIRGINIE.

Tu m'as donc entendue ?

PAULIN.

Oui, ma chere Virginie, je suis auſſi d'une joie :...

VIRGINIE.

Près de toi, loin de toi, mon cœur n'a qu'un même langage, ainſi qu'un même ſentiment.

PAULIN.

Quel mortel peut être plus heureux que moi ! nous avons déjà bien travaillé, ce matin : ton panier eſt preſque plein, & le mien, vois.... Allons nous repoſer un inſtant ſous nos palmiers.

VIRGINIE.

Volontiers ; je ne me plais jamais tant que ſous leur ombrage.

Virginie se place d'abord sous le plus petit, qui indique son âge ; Paulin la prend par la main et la pose sous le plus grand, qui indique le sien, en lui disant......

PAULIN ET VIRGINIE,

PAULIN.

Non, non, toi sous le mien.

VIRGINIE.

Ah! oui, tu as raison : je t'entends.

PAULIN.

Et moi sous le tien.

VIRGINIE, *avec un grand soupir.*

Ah !

PAULIN, *de même.*

Ah !

ENSEMBLE, *se prenant par la main.*

Que je m'y trouve bien !

Ils embrassent chacun les deux Palmiers, de l'autre main.

PAULIN.

Arbres chéris, symboles de notre âge, qui croissez ici avec nous depuis notre enfance, recevez le serment de la tendresse la plus pure !

VIRGINIE.

Arbres chéris, puissiez-vous ne voir jamais sous votre ombre sacrée que des amans aussi sinceres que nous !

PAULIN.

Comme tout respire ici le bonheur & la paix !

VIRGINIE.

Je sens de douces larmes s'échapper de mes yeux.

PAULIN.

Puissent les tiens & les miens n'en verser jamais que de plaisir & de sensibilité!....

DUO.

PAULIN.

Quel air pur !

VIRGINIE

Quel beau jour !

PAULIN.

Quel calme dans les airs !

VIRGINIE.

Comme les doux zéphirs de leurs douces haleines
Agitent mollement la surface des mers !

PAULIN.

Quel aspect enchanteur offrent ces belles plaines !

VIRGINIE.

Ah ! Paulin !

PAULIN.

Ah ! Virginie !

Ensemble.

Ah ! quel jour heureux pour nous !

PAULIN.

Dans peu tu vas m'être unie,
Paulin sera ton époux.

VIRGINIE.

Dans peu je vais t'être unie,
Paulin sera mon époux.

Ensemble.

Ah ! quel jour heureux pour nous !
Il s'éteindra plutôt l'astre qui nous éclaire,
Que ne s'éteindra mon ardeur...

PAULIN ET VIRGINIE,

PAULIN.
Te souvient-il de ce tems enchanteur,
Où me croyant ton frere,
Je t'aimais comme ma sœur?

VIRGINIE.
Je te croyais mon frere,
Je t'aimais comme une sœur.

PAULIN.
Que de carresses!...

VIRGINIE.
Que de tendresses
Ensemble.
Nous prodiguions chaque jour !
Ah ! c'était déjà de l'amour ;
Oui, c'était déjà de l'amour.

PAULIN.
Je t'aimerai toujours.

VIRGINIE.
Toujours je veux te plaire.
Ensemble.
O sort plein de douceur !
O moment enchanteur !

PAULIN.
Je t'aimerai plus qu'une sœur.

VIRGINIE.
Ah ! si tu m'aimes plus qu'un frere,
Je t'aimerai plus qu'une sœur.

PAULIN.
Ah ! quel espoir tu fais éclorre !
Amour ! charmant amour !

OPERA.

VIRGINIE.

Paulin! c'est une belle aurore
Qui nous promet le plus beau jour.

Ensemble.

Quel espoir tu fais éclorre!
Amour! charmant amour!
C'est l'aurore
Du plus beau jour:
O sort plein de douceur!
O moment enchanteur!
Ah! quel bonheur!

Après le duo, Virginie considere un moment un médaillon que Paulin porte à son col, et dit...

VIRGINIE.

Dis-moi, mon cher ami, tu portes donc toujours ce portrait?

PAULIN.

Oui, toujours, là.... sur mon cœur, & pour cause.

VIRGINIE.

Pour quelle cause?

PAULIN.

Ah! c'est mon secret.

VIRGINIE.

Mais c'est ton patron.

PAULIN.

Oui, ma chere.

VIRGINIE.

Ah! je voudrais bien l'avoir; Paulin, fais-m'en le sacrifice.

PAULIN.

C'en est un, j'en conviens : mais tu le desires, le voici.

VIRGINIE.

Que tu es aimable ! eh ! puis-je en même tems le prendre comme un gage de ta foi ?

PAULIN.

Oui ; mais à une condition.

VIRGINIE.

Qu'elle est-elle ?

PAULIN.

Que, de deux jours l'un, nous le porterons chacun à notre tour.

VIRGINIE.

Il t'est donc bien cher ?

PAULIN.

Ah ! oui.

VIRGINIE.

Eh-bien ! j'y consens : mais je ne veux pas être en reste avec toi : il faut que je te donne aussi un gage de ma tendresse.

Elle lui donne un mouchoir de soie, à chaque pointe duquel elle a brodé leurs chiffres avec ses cheveux.

C'est bien peu de chose auprès du tien ; mais vois-en l'intention, & non pas la valeur.

PAULIN.

Qui sait mieux que moi apprécier ton cœur ?

Ils regardent et retournent en tous sens

OPERA.

ce qu'ils se sont donnés. *Virginie apperçoit, au revers du médaillon, son portrait et celui de Paulin ; et, en même tems, Paulin apperçoit leurs chiffres brodés aux quatre coins du mouchoir, avec les cheveux de Virginie.*

VIRGINIE, *avec surprise.*

Ah ! nos portraits réunis !

PAULIN.

Ah ! nos chiffres enlacés & brodés !

Regardant les cheveux de Virginie dont il approche le mouchoir.

... La couleur est bien la même : quel charmant cadeau !

VIRGINIE.

Paulin !

PAULIN.

Virginie !

Ensemble.

Comme nos cœurs s'entendent !

PAULIN, *baisant les chiffres.*

Tissu inestimable !.. que tu vas redoubler mon bonheur !

VIRGINIE, *après avoir considéré un moment leurs portraits.*

Quoi ! tous les deux ainsi !... par quel art charmant ?... tu le tiens sûrement de ton cœur.

PAULIN.

Mon peu de talent se décèle aisément : que sont ces foibles traits auprès de leur divin modèle ?

VIRGINIE.

Ils font au mieux : il eft impoffible de ne les pas reconnaître.

PAULIN.

C'eft l'ouvrage de la nature & non de l'art.

VIRGINIE.

C'eft l'ouvrage du meilleur des maîtres qui nous infpirait tous deux en même tems.

PAULIN.

Notre condition tient-elle ?

VIRGINIE.

Oui, nous le porterons tour-à-tour : mais c'eft moi qui commence (*elle s'attache le médaillon au col, & Paulin l'aide*)

PAULIN.

Attends, attends.

VIRGINIE, *fe plaçant devant Paulin d'un air content & gai.*

Eh bien ?

PAULIN.

Ah !

VIRGINIE.

Me trouverais-tu mieux ?

PAULIN, *à part.*

Je fuis ivre d'amour.

SCÈNE III.

LES MÊMES, SAINT-ALBE.

SAINT-ALBE.

Eh-bien ! mes enfans ; il me semble que vous ne vous ennuyez pas ?

PAULIN.

Le peut-on, quand on s'aime comme nous nous aimons ?

VIRGINIE.

M. Saint Albe ?

SAINT-ALBE.

Ma chere amie !

VIRGINIE.

Il faut que vous m'accordiez une grace.

SAINT-ALBE.

Une grace ! une grace à ma fille, à ma Virginie ! ah ! ce mot me fait peine.

VIRGINIE.

Tant pis, ce n'est pas mon dessein.

SAINT-ALBE.

Viens, viens (*il l'embrasse*) : que me veux-tu ? ordonne, exige.

VIRGINIE.

Que vous me permettiez, à compter d'aujourd'hui, de vous nommer mon pere.

SAINT-ALBE.

Et c'est là la grace que tu me demandes ? ah ! nomme-moi ton pere, ton papa, ton ami ; orne-moi tous les noms que tu voudras, & sois bien sûre de me faire toujours plaisir.

VIRGINIE.

Ce n'est que quelques jours d'avance : si vous ne l'êtes pas encore, vous le serez bientôt ; maman m'a promis que, quand j'aurais seize ans, elle nous marierait, & je les aurai dans un mois.

SAINT-ALBE.

Ah ! ma chere ; cet instant n'arrivera jamais trop tôt, à mon gré.

PAULIN.

Ni au mien.

VIRGINIE.

Je ne veux vous démentir ni l'un, ni l'autre... mais... mais... suffit.... oui, nous aurons tous bien du plaisir.

SAINT-ALBE.

Qu'elle est gentille !

PAULIN.

Elle est adorable !

SAINT-ALBE, *les serrant tous deux dans ses bras & les embrassant.*

Mes chers enfans !

N.o 3. AIR.

VOILA mes plaisirs les plus doux !
Voilà ma plus chere espérance !
Que mes jours vont s'écouler tous
Dans une heureuse jouissance !
J'aurai sans cesse sous les yeux
Les deux objets que mon cœur aime.
Qui tous deux m'aimeront de même :
Si tous deux ils m'aiment de même,
Mon destin sera trop heureux.
Je verrai croître sous mes yeux,
Fruits nombreux d'un tendre hyménée,
Famille aimable & fortunée.
Si ma famille est fortunée,
Mon destin sera trop heureux.

Voilà mes plaisirs, &c.

VIRGINIE.

Ah ! oui, mon cher papa ! vous avez bien raison. Si votre bonheur se fonde sur nos soins, notre zèle, & notre tendresse, il n'y aura pas de mortels sur la terre plus heureux que vous.

SAINT-ALBE.

Je le crois : puissent nos jours couler ainsi, jusqu'au trépas, dans le sein du plaisir & de la paix !

VIRGINIE.

Rien ne serait plus aisé, si maman pouvait vaincre le chagrin qui la ronge sans cesse : vous le voyez comme moi. Ah ! il y a des instans qu'elle me fait bien de la peine.

SAINT-ALBE.

Que veux-tu ? la perte d'un époux qu'elle adorait laisse dans son cœur une triste empreinte, que le tems seul peut effacer.

VIRGINIE.

Ah ! je vais redoubler de soins, & hâter, s'il se peut, ce fortuné moment.

AIR & TRIO.

Je veux, à force de caresses,
Lui faire oublier son malheur :
Je veux, à force de tendresses,
Faire ici régner le bonheur.
Mon amant, le meilleur des peres,
La plus adorable des meres ;
Tous les trois feront nuit & jour
Les objets de mon tendre amour.
Ils me le rendront, je l'espere ;
J'obtiendrai ce souverain bien :
Quel bonheur alors sur la terre
Se pourra comparer au mien ?

SAINT-ALBE, PAULIN.

Oui, oui, tu seras nuit & jour
Le tendre objet de notre amour.
Compte sur un retour sincere.
Eux. Oui nos cœurs te le rendront,
Elle. Oui vos cœurs me le rendront.

SAINT ALBE.

J'en fais serment avec Paulin.

PAULIN.

OPERA.

PAULIN.

Compte sur un retour sincere,
J'en fais serment avec mon pere,
Et j'ose en déposer ce gage dans ta main.
Il lui laisse la main en-dedans.

ENSEMBLE.

Quel bonheur sur la terre
Se pourra comparer au mien?

Pendant la ritournelle de la fin du trio, Virginie va du côté où est l'échappée de vue sur la mer.

VIRGINIE.

Mais je ne me trompe pas : oui, c'est un vaisseau qui cingle vers ces bords : je vais sur la hauteur, je le découvrirai mieux.

PAULIN.

Vas, ma belle ; mais ne sois pas long-tems : tu sais qu'il faut bientôt retourner vers ta mere....

VIRGINIE.

Oui, oui : je ne tarderai pas. (*Elle s'en va.*)

SCENE IV.

SAINT-ALBE, PAULIN.

SAINT-ALBE, *d'un air inquiet.*

AH! si c'est un vaisseau français !

PAULIN.

Quoi ! mon pere !... Vous semblez......

SAINT-ALBE.

Ecoute ; il est tems que je t'instruise : apprends que Virginie est le fruit d'un hymen secret con-

B

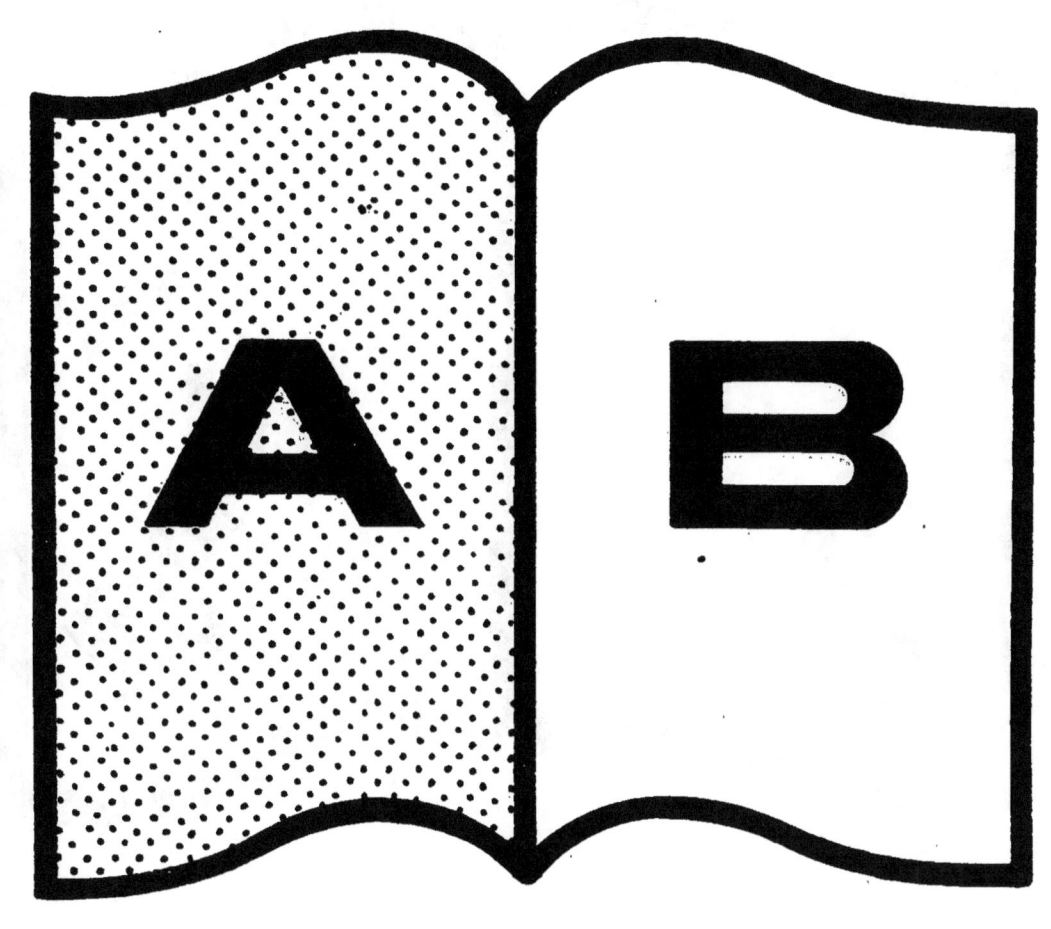

Contraste insuffisant

NF Z 43-120-14

Pagination incorrecte — date incorrecte
NF Z 43-120-12

tracté entre Herminie & le brave Latour, mon ancien ami. Il était noble & riche : Herminie ne l'est point. Cette union déplut à la sœur de Latour : cette femme, orgueilleuse & méchante, le persécuta tant, qu'il n'y put résister ; le chagrin le prit ; les infirmités survinrent ; il mourut, laissant Herminie prête à donner le jour à Virginie.

PAULIN, *avec beaucoup de sensibilité.*

Elle n'a pas connu son pere : ah ! que je la plains, ma divine amie !

SAINT-ALBE.

Jusqu'au jour de sa délivrance, Herminie fut assez tranquille : mais à peine Virgine fut elle née, que sa barbare tante résolut de l'enlever à sa mere : Herminie avertie à propos, s'arme d'un courage surnaturel, s'embarque dès le troisième jour, & vient dans cette isle se soustraire à la haine de sa cruelle belle-sœur. Depuis quinze ans, la mere & la fille vivent avec nous dans cet asyle heureux, ou j'espere que bientôt l'amour & l'hymen vont les dédommager des peines qu'elles ont souffertes.

PAULIN.

Mais, mon pere, depuis quinze ans, que peut craindre encore Herminie ?

SAINT-ALBE.

Cette méchante belle-sœur est toujours redoutable pour elle. Déjà deux fois elle a tenté de lui ravir sa fille.

OPERA.

PAULIN.

Quand nous serons unis, j'espere qu'elle ne fera plus de tentatives.

SAINT-ALBE.

J'y compte de même.

N.° 5. AIR.

La douce espérance
Qui règne en mon cœur
M'annonce d'avance
Un parfait bonheur.
Ah ! quelle heureuse destinée !
Paulin, si nous voyons ce charmant hyménée,
Quel moment enchanteur !
O douce espérance !
Charme séducteur,
Change en assurance
Ton aimable erreur.

SCÈNE V.

LES MÊMES, VIRGINIE.

SAINT-ALBE.

EH-BIEN ! quelle nouvelle ?

VIRGINIE.

Le vaisseau doit être à présent dans le port ; quand je suis revenue, il tournoit à la pointe de la jetée.

SAINT-ALBE.

Je vous laisse ; je vais voir de quel pays est, & tâcher de savoir quelle est sa destination. (*A part.*) Je ne sais, mais je me sens tout ému. (*Il revient sur ses pas.*) Vous ne serez pas long-tems à rentrer.

VIRGINIE.

Non, papa.

SCENE VI.
VIRGINIE, PAULIN.

VIRGINIE.

Mon ami, qu'as-tu donc ? tu me sembles bien rêveur. Que t'a dit ton pere, pendant mon absence ?

PAULIN.

Oh ! bien des choses.

VIRGINIE.

Oui ! & peut-on savoir ce que c'est ?

PAULIN.

Je te conterai tout cela tantôt... mais Domingo s'avance vers nous d'un air bien triste, lui qui est toujours si gai.

VIRGINIE.

Oui, c'est vrai : que peut-il avoir ?

SCENE VII.
LES MÊMES, DOMINGO.

DOMINGO.

Mere à vous, m'envoyer vous dire que venir d'entrer dans le port un vaisseau français & que vous rentriez.

VIRGINIE.

Nous allons te suivre.

PAULIN.

Domingo, dis-moi, d'où te vient cet air triste?

DOMINGO.

D'où ? d'où ? pardine ! de celui de maîtresse ; étoit moi, ce matin, si joyeux, si content : elle plus qu'à son ordinaire avoit été gaie. Depuis l'arrivée de ce vaisseau, elle tout-à-coup devenir triste & pensive. Aller, venir, de tout côté, avec un air de crainte, d'inquiétudes, d'alarmes, comme si l'ennemi descendre sur nos côtes; si ce vaisseau être français, n'être pas ennemi, puisqu'elle & lui être du même pays.

PAULIN, à part.

Ne disons rien.

DOMINGO.

Pauvre bonne maitresse, que moi te plaindre ! ah ! son trouble, sa crainte causer à moi bien douleur grande.

PAULIN ET VIRGINIE,

N.o 6. AIR.

Ne t'affliger pas, je t'en prie,
Maitresse à moi, c'est grand folie :
Chagrin ne mène à rien de bon ;
Chagrin est un vrai lent poison.
On meurt jeune avec la tristesse ;
On vit mieux avec l'allégresse.
Etre content, gai, bien portant,
C'est mon trésor, c'est ma richesse.
    Etre content,
    Gai, bien portant,
C'est le seul bien qui m'intéresse.

2.

Dans mon pays être un proverbe,
Qui dit qu'en un palais superbe
N'avoir jamais tant d'agrément
Que sous un palmiste en plein champ :
C'est que dans l'un règne tristesse ;
Et sous l'autre règne allégresse.
    Etre content, &c.

3.

A tort on prend souci d'avance :
Pour moi, dès ma plus tendre enfance,
N'avoir jamais eu ce défaut,
Le mal venir toujours trop tôt :
Quand moi voir venir la tristesse,
La chasser avec l'allégresse.
    Etre content, &c.

VIRGINIE.

Il a raison.

PAULIN.

Domingo.

DOMINGO.

Maître,

PAULIN

Et Babet !

DOMINGO.

Babet ?

PAULIN.

Oui, tu ne nous en dis rien.

DOMINGO.

Oh! moi, en dire toujours la même chose: qu'elle avoir des yeux charmans, un teint un peu différent du mien : une taille, des traits, des... appas... ah! mon bon Dieu! quand moi penser à tout cela... non, mais c'est que....

PAULIN.

Ah! fripon, tu l'aimes.

DOMINGO.

Qui? moi! ah! sûrement, & de bon cœur : être dommage seulement qu'elle & moi n'être pas tout-à-fait du même âge.

PAULIN.

Tu n'es pas vieux?

DOMIOGO.

Non, pas encore ; mais avec tout cela, de vingt ans à près de quarante, y avoir une grande différence.

PAULIN.

Il n'y en a pas trop, quand on aime bien.

DOMINGO.

N'être pas aimer qui me manque.

PAULIN.

Que te manque-t-il donc ?

DOMINGO.

Du courage : tenez, voyez-vous, moi, n'entendre rien à faire l'amour à une jeunesse : n'être pas tout d'avoir un cœur bien tendre, bien amoureux ; y avoir encore quelque chose ; falloir parler : eh-bien ! quand moi être avec elle, avoir tout plein, tout plein de choses à lui dire ; mais ça ne pouvoir pas sortir…. Ça rester là.. là.. m'étouffer, & puis voilà tout.

PAULIN.

Je te plains fort : mais peut-être qu'avec un peu de hardiesse,

DOMINGO.

De hardiesse : oh ! moi n'en manquer pas : c'est mon fort, n'en avoir même que trop ; mais c'est qu'en être tout seul.

PAULIN.

Il y a bien des gens qui te ressemblent.

DOMINGO.

Près d'elle… serviteur.

N°. 7. *TRIO.*

Sentir la ne sais quoi, qui me serre le cœur.

PAULIN.

Quoi ! Domingo perd donc courage ?

DOMINGO.

Que voulez-vous ? mon âge…

PAULIN.

Ne perds pas courage,
Cela peut s'arranger.

OPERA.

DOMINGO.

Il faudroit me protéger.

PAULIN.

Eh - bien ! soit.

DOMINGO.

Vous aussi, divine Virginie ?

VIRGINIE.

Volontiers.

DOMINGO.

Ce serait le bonheur de ma vie.

PAULIN.

Tu l'aimes donc beaucoup ?

DOMINGO, *montrant Virginie.*

Ah ! comme vous l'aimez ;
Et c'est tout dire.

PAULIN.

Oui, c'est tout dire.

DOMINGO.

Des feux les plus ardens mes sens être enflamés.

VIRGINIE, PAULIN.

De soulager ton amoureux martire,
Crois, Domingo, que nous serons charmés.

DOMINGO, *transporté d'aise.*

Si vous arrangez cela... oui... non... oh !
oui... ne pouvoir vous rien dire ; mais. oui,
oui, suffit, ... m'entendre bien... oh ! quel
plaisir, quelle joie moi sentir d'avance !

PAULIN.

Compte sur moi.

DOMINGO.

Bon petit maitre.

VIRGINIE.

Sur moi auſſi.

DOMINGO, *baiſant le bas de ſa jupe.*

Bonne petite maîtreſſe : ah ! bon Dieu, bon Dieu !

VIRGINIE.

En attendant, prends ces coquillages.

DOMINGO.

Oui, maîtreſſe.

VIRGINIE.

Porte-les à ma mere.

DOMINGO.

Oui, maîtreſſe.

VIRGINIE.

Et dis-lui que nous allons te ſuivre.

DOMINGO.

Oui, maîtreſſe.

VIRGINIE.

Mais n'eſt-ce pas trop lourd ?

DOMINGO, *ſoupeſant les deux paniers.*

Oh ! non maîtreſſe, & puis quand bien même ; qu'à ça ne tienne.

Il fait quelques pas & ſe retourne.

Vous n'aller pas tarder ?

PAULIN & VIRGINIE.

Non, non.

Il ſort.

SCENE VIII.
VIRGINIE, PAULIN.

PAULIN.
C'est un bien bon garçon.

VIRGINIE.
C'est vrai. Mais dis-moi donc ce que l'arrivée de ce vaisseau peut faire à ma mere : il me semble qu'à sa place, au lieu d'en avoir du chagrin....

PAULIN.
Ah ! Virginie ; crois que ta mere ne s'alarme pas sans raison, elle est trop prudente & trop sensée.... Allons, ma bonne amie ; allons la rejoindre.

VIRGINIE.
Oui, allons...... Mais quel bruit entends-je sous ce feuillage ?

PAULIN.
Quelque bête fauve peut-être qui passe près d'ici.

VIRGINIE.
C'est une jeune esclave qui semble excédée de fatigue.

PAULIN.
Elle se soutient à peine ; elle a l'air bien effrayée.

VIRGINIE.
Volons au-devant d'elle.

SCENE IX.

LES MÊMES, SARA, *accourant toute effrayée, & se jetant à genoux dès qu'elle les voit.*

PAULIN.

Ah! qui que tu sois, ne crains rien; dissipe ton trouble & tes alarmes.

SARA, *à genoux.*

Femme belle, homme bon: vous avoir pitié de moi; vous se laisser toucher par mes larmes & mes prières; moi, mourir de fatigue & de peine.

PAULIN.

Ne crains rien, ne crains rien, te dit-on; lève-toi, approche, parle; qu'as-tu?

SARA.

Etre tout hors de moi..... tremblant de tout mon corps.... ciel!..... ah! c'est elle peut-être......

PAULIN.

Qui?

VIRGINIE.

Qui?

SARA.

Maîtresse à moi..... hélas! être si grand méchante.... être perdue, si elle me trouver...

VIRGINIE.

Rassure-toi, il ne vient personne: elle est donc bien méchante ta maîtresse?

OPERA.

SARA.

Vous voir les marques de sa colere, sur mon visage, sur mes bras, sans ce que moi ne pouvoir montrer.

PAULIN.

Peut-on pousser la cruauté à cet excès!

VIRGINIE.

Ton maître l'a pu souffrir?

SARA.

Sans lui, moi être morte sous les coups.

VIRGINIE.

Apprends-nous donc pourquoi elle t'a traité si cruellement?

SARA.

Sans rien mentir, moi vous conter tout, & vous voir si moi le mériter.

N.º 8. *AIR.*

Mais que finisse le printems,
N'aurai, dit-on, moi que seize ans;
Maîtresse à moi tout au contraire,
En avoir, l'automne dernière,
Cinquante : Eh-bien ! elle enrage : eh ! quoi?
Pour ça faut-il être cruelle?
Est-ce donc la faute de moi,
Si moi je suis plus jeune qu'elle?

2.

Le mari d'elle avoir au plus
Trente ans, à peine révolus;
Mais elle vouloir que lui l'aime:
Lui m'aime mieux; moi, pas de même;
Eh-bien ! &c.
Si maître à moi m'aimer plus qu'elle?

3.

Maître à moi généreux, galant,
Faire à moi maint joli préfent ;
Moi ne pas refufer bon maître,
Et fes bontés bien reconnoître :

Eh-bien ! &c.

Si moi fais mieux lui plaire qu'elle ?

PAULIN.

La pauvre enfant !

VIRGINIE.

Qu'elle eft naïve !

PAULIN.

Fatal abus du pouvoir & de l'or, que tu parais condamnable à mon cœur ! Peut-on penfer, fans frémir d'horreur, à quel excès tu rends l'homme barbare & criminel ? pauvre malheureufe ! que je te plains ! que vas-tu devenir ?

SARA.

Dans le premier moment, moi n'avoir pas été maîtreffe de mon grand défefpoir ; moi fuir : mais préfentement en avoir repentir & remord : voudrais bien rentrer à la cafe & n'y pas rentrer.... Ah ! fi la pauvre Sara intéreffer vous un peu, vous la faire fortir d'un fi grand embarras ; vous implorer grace pour elle, & dire à maîtreffe que de battre moi fe contente, fans battre moi jufqu'à mourir.

OPERA.

N.º 9. TRIO.

VIRGINIE.

PAULIN! elle attendrit mon ame :
Voyons cette méchante femme.

PAULIN.

Elle attendrit aussi mon ame :
Oui, oui, voyons cette méchante femme.

PAULIN & VIRGINIE.

Si son cœur n'est pas un rocher :
Ah ! nos pleurs sauront la toucher.

SARA.

Son cœur est plus dur qu'un rocher ;
Mais vos pleurs sauront la toucher.

VIRGINIE.

Eh ! ton maître n'est pas comme elle ?

SARA.

Non, mon maître n'est pas comme elle.

PAULIN, VIRGINIE.

Nous la supplierons,
Nous l'attendrirons.

SARA.

Vous le supplierez,
Vous l'attendrirez ;

PAULIN, VIRGINIE, SARA.

Il pourra calmer la cruelle ;
Ou de sa jalouse fureur,
Empêcher du moins la rigueur.

SARA, à *Virginie.*

Ah ! vous êtes sensible au tourment qui me presse.

VIRGINIE.

Combien son malheur m'intéresse!

PAULIN ET VIRGINIE,

SARA, *baisant le bas de la robe de Virginie.*

Ah! que n'êtes-vous maîtresse ?
Et moi
Suivre votre loi !

PAULIN, VIRGINIE.

Dissipons son effroi.

SARA.

Ah ! ma peine est si grave !

Eux.

Oui, sa peine est si grave !

Ensemble.

Sara. (Écoutez votre cœur ;
Paulin & Virginie. (Écoutons notre cœur,
Tous trois. Et que la pauvre esclave

Vous
nous Doive son bonheur.

PAULIN.

Eh ta mere ?

VIRGINIE.

Ma mere ! ah ! je réponds d'elle : je suis sûre qu'en faveur de la bonne action, elle nous le pardonnera tout de suite. Allons (*à Sara*) viens, calme ta peine ; viens, pauvre enfant !

SARA, *à tous deux.*

O ciel ! que vous être bons !

VIRGINIE.

Dis-moi : votre habitation est-elle loin d'ici ?

SARA.

Non pas grandement.

VIRGINIE.

Et le chemin ?

SARA.

OPERA.
SARA.

Le chemin... n'être pas bien bon : le jour on s'en tire ; la nuit seule être mauvais, y avoir grandement à monter, à defendre, grandement de sentiers détournés, où être aisé de se perdre.

VIRGINIE.

Nous serons sûrement revenus avant la nuit ?

SARA.

Oui, si vous venir tout de suite.

PAULIN.

Eh-bien ! ne perdons pas de tems. Partons.

VIRGINIE.

Oui, partons : pauvre infortunée !

SARA, *baisant sa main.*

Moi le dire cent fois, cent mille fois ; que n'être vous maîtresse ! qu'être moi bien contente!
Ils s'en vont.

N.º 10. *FINALE.*
CHŒUR.

Qu'après un long voyage,
Il est doux d'arriver au port !
On ne craint plus l'orage,
Ni les revers du sort.
Goûtons des coquillages
De ces heureux rivages :
Ah ! qu'ils sont bons ! qu'ils sont exquis !
Au prix de ces maudits biscuits ! *Ils mangent.*
Buvons ce doux breuvage :
Ah ! qu'il flatte au passage ! *ils boivent.*

Réunissons nos voix ;
Et répétons cent fois :
Qu'après un long voyage, &c.

SCENE XI.

LE CHŒUR, HERMINIE, *une lettre à la main.*

HERMINIE.

Méchante sœur ! ô femme altière !
Me poursuivras-tu donc toujours ?
Quinze ans n'ont pu de ta colere
Arrêter le terrible cours !
Tu veux enlever à sa mere
L'unique fruit de ses amours !
Méchante sœur ! ô femme altière !
Me poursuivras-tu donc toujours ?

Après avoir lu la lettre.

Tu mens, cruelle ! ta naissance
Et ton rang & ton bien immense
Ne sont qu'un prétexte imposteur.
Je te connais ; oui, ta naissance
Et ton rang & ton bien immense
Sont un prétexte à la vengeance
Qui veille sans cesse en son cœur.

Il est donc vrai, fille trop chere !
On veut t'enlever à ta mere !

SCENE XII.

LES MÊMES, DOMINGO, BABET.

BABET, *d'abord.*

O Chagrin ! ô douleur amere !
On vous poursuivra donc toujours ?

HERMINIE.
On veut enlever à ta mere
Le tendre fruit de ses amours.

DOMINGO, *paroissant.*
Quel chagrin ! quelle peine extrême !
Helas ! que sont-ils devenus ?

HERMINIE, BABET, DOMINGO, *en chœur.*
Dites-moi, les auriez-vous vus ?

LE CHŒUR.
Qui ?

EUX TROIS.
Qui ? la moitié de *Herminie.* moi-même.
       B. D. d'elle-même.

Hermin'e.   Mes
B. D.   Ses } deux enfans.

LE CHŒUR.
Ils nous sont inconnus.

SCENE XIII.

LES MEMES, SAINT-ALBE.

SAINT-ALBE.
Quel chagrin ! quelle peine extrême !
Helas ! que sont-ils devenus ?

HERMINIE, SAINT-ALBE.
Ensemble.

Herm.   O vœux d'une indiscrette mere !
St. Albe. O vœux d'un trop sensible pere !
Tous deux. Que vous êtes mal accomplis !

HERMINIE.
Si j'y consens, si j'obéis,
Que deviendra ma Virginie ?

PAULIN ET VIRGINIE,

SAINT-ALBE.

Que deviendra mon pauvre fils,
S'il faut qu'elle lui soit ravie ?

HERMINIE, *après un moment de silence.*

Non, je n'y consentirai pas.

SAINT-ALBE, BABET, DOMINGO.

Non, vous n'y consentirez pas.

TOUS QUATRE.

Ce seroit vouloir leur trépas.

LE CHŒUR, *au fond du théâtre.*

Qu'après un long voyage, &c.

LES QUATRE.

Qu'ils sont heureux ces gens !

HERMINIE, SAINT-ALBE, *à Domingo.*

Tâche de découvrir au moins si pour long-tems
Ce marin est venu sur ce rivage.

Domingo sort.

SCÈNE XIV.

LES MÊMES, *hors Domingo.*

LE CHŒUR.

Quelle liqueur !

LES TROIS AUTRES.

Quelle douleur !

LE CHŒUR.

Vive la belle humeur !

LES TROIS AUTRES.

Ah ! quel malheur !

LE CHŒUR.

Buvons ce doux breuvage, &c.

LES AUTRES.
Qu'ils jouissent d'un doux partage :
Que je porte envie à leur sort !

SCENE XV.

LES MÊMES, DOMINGO.

DOMINGO.

Moi, ne sais, malheureuse mere !
Mais on parle d'embarquement.

HERMINIE, SAINT-ALBE, BABET.

Ciel ! quelle est *Herminie,* ma misere !
St. Albé, A. sa

LE CHŒUR.
Quel doux moment !

LES QUATRE AUTRES.
Quelle douleur amere !

LE CHŒUR.
Quelle liqueur !

LES AUTRES.
Ah ! quel malheur !
Ciel ! quelle est ta rigueur !
Quelle douleur amere !

HERMINIE.
Si je refuse, que sait-on ?
Ce marin m'a parlé d'un ton
Bien fait pour troubler une mere.

SAINT-ALBE.
Mais après tout, que peut-il faire ?

HERMINIE.
Je ne sais ; mais ce ton severe
Est fait pour troubler une mere.

PAULIN ET VIRGINIE,

LES QUATRE ENSEMBLE.

Bab. Dom. Paix ! paix ! parlons bas ; le voici....
Her. S. Alb. Dieux ! dieux ! parlons bas, le voici.

SCENE XVI.

LES MEMES, LE CAPITAINE, SA SUITE.

LE CAPITAINE.

Votre fille n'est point ici :
Madame ; je sens votre peine ;
Mais il faut prendre ce parti ;
Mon ordre veut que je l'emmène.

HERMINIE.

Ah ! que vous nous causez de peine !
Cruelle sœur ! quelle est ta haine !
Prendre un si rigoureux parti.

LE CAPITAINE.

Bannissez votre peine :
C'est pour faire son bonheur.

LES AUTRES.

Ah que vous me/nous causez de peine !

Pour ma/sa fille quel malheur !

LE CAPITAINE.

Je suis fâché de votre peine ;
Mais il faut prendre ce parti :
Tel est mon ordre ; le voici, *montrant la lettre de la tante.*

A part. Et j'ai de plus cet autre ci.

ENSEMBLE.

Ah ! que vous me/nous causez de peine.
Prendre un si rigoureux parti.

OPERA.

LE CAPITAINE.
Je suis fâché de votre peine :
Mais il faut prendre ce parti.

LE CAPITAINE, *au Chœur.*
Et vous, enfans !

LE CHŒUR.
               Mon Capitaine ?

LE CAPITAINE.
Nous serons peu de tems ici.

LE CHŒUR.
Tant pis, morbleu ! mon capitaine ;
Car nous nous trouvons bien ici.

LE CAPITAINE.
Voyez à fond de cale ; allez à la carène :
Nous serons peu de tems ici.

LE CHŒUR.
Tant pis, tant pis, mon capitaine !
Car nous sommes fort bien ici.

LE CAPITAINE ET LE CHŒUR.
Allez tout
Allons tout préparer ; le vent est favorable.

LES AUTRES.
Que notre sort est déplorable !
Tous ensemble.

LE CAPITAINE.
Je suis fâché de votre peine :
Mais il faut prendre ce parti.

LES QUATRE.
Quelle douleur ! ah ! quelle peine !
Prendre un si rigoureux parti.

LE CHŒUR.
Voyons à fond de cale ; allons à la carène ;
Nous serons peu de tems ici.

ACTE SECOND.

Le Théâtre répréfente une Forêt, avec des roches très-efcarpées.

SCENE PREMIERE.
DOMINGO, BABET.

DOMINGO.

Nous avoir déjà parcouru une grande partie de la fôrêt fans les trouver. Toi être fatiguée, ma petite Babet. Pauvres enfans! où font-ils?

BABET.

Repofons-nous. La forêt fe partage ici en plufieurs fentiers; que fait-on? ils peuvent venir par un de ces chemins.

DOMINGO.

Eh-bien! reftons ici un moment.

BABET.

Mais que dirons-nous à fa mere?

DOMINGO.

N'en favoir rien.

BABET.

Que je fuis inquiète & chagrine!

DOMINGO.

Et moi donc?

BABET.

C'eft dans de tels momens que l'on fent combien on eft attaché à ceux qu'on aime.

OPERA.

N.o 14. AIR.

Je n'ai pas encore eu d'amant,
Et m'en suis passée à merveille.
La nuit, je dors tranquillement;
Le jour, tranquillement je veille.
J'ignorai, jusques à ce jour,
Comme on est quand d'amour on aime;
Mais si je suis neuve en amour,
En amitié je ne suis pas de même.

2.

D'un sentiment si doux, si vrai,
J'aime Paulin & Virginie,
Qu'à l'instant même, sans délai,
Pour eux je donnerois ma vie.

J'ignorai, etc.

3.

Je ne desire nullement,
Amour, de connaître ta flamme;
Je m'en tiens au plaisir charmant
Qu'à chaque instant goûte mon ame.

J'ignorai, etc.

DOMINGO.

Fille qui peut penser d'une manière si délicate, être digne d'avoir le plus parfait amant, & toi l'avoir bientôt, sois en sûre.

BABET.

J'attendrai ce moment sans plaisir & sans peine.

DOMINGO.

Tout de bon?

BABET.

Oh! tout de bon.

PAULIN ET VIRGINIE,

DOMINGO, *s'enhardissant d'abord & après s'embarrassant.*

Mais, ça n'être pas possible.... car enfin, mam'selle.... avec un air... un regard..... un tour si... (*à part*) ah ! mon Dieu, voilà que je m'embarrasse encore !

BABET.

Si mes yeux & mon air sont des menteurs, est-ce ma faute ?

DOMINGO, *à part.*

Tâchons de redevenir hardi. (*haut.*) Vous premettre à moi, s'il vous plait, de ne pas croire cela. Non, Babet ; toi, beau faire, être une histoire que toi me conter. (*à part*) Bien, très-bien.

BABET.

A qui diantre en a-t-il ?

DOMINGO.

Toi n'avoir pas le cœur tendre ! à d'autres, mam'selle, à d'autres. Non, cela ne se pouvoir pas.

BABET.

Mais je ne vous conçois pas, M. Domingo.

DOMINGO, *se troublant.*

Mais si ce cœur n'être pas tel que vous le dire.

BABET.

Eh-bien ! qu'en fera-t-il ?

DOMINGO.

En fera, mam'selle..... que moi avoir dessein...

OPERA.
BABET.
De quoi ?
DOMINGO.
De quoi ? de vous... (*à part*) ah ! malheureux ; voilà mon embarras qui me reprend encore.

DUO.
BABET, *à part.*
Qu'a-t-il donc ?
DOMINGO, *à part.*
Ne pouvoir parler...
Sentir un poids là qui m'oppresse...
BABET, *à part.*
Son air, ses yeux me font trembler....
Ciel ! quelque mal subit l'oppresse !...
Qu'avez-vous ?
DOMINGO.
Rien.
BABET.
Mais je vois bien
Moi que vous avez quelque chose....
De ce trouble, quelle est la cause ?
DOMINGO.
La cause ?
BABET.
Oui.
DOMINGO.
C'est qu'entre nous...
BABET.
Eh-bien ! parlez donc...
DOMINGO.
Non, je n'ose.

BABET.

Je le veux.

DOMINGO.

C'est que voyez-vous,
Vois-tu, Babet, si dans ton ame,
Qui brille dans tes yeux si doux....
Moi sefait pénétrer la flame....

BABET.

Que veut-il dire avec sa flame ?

DOMINGO.

Si Babet étoit comme moi....

BABET.

Quand Babet seroit comme toi.

DOMINGO.

Elle auroit là, je ne sais quoi!...
Qui se sent mieux qu'il ne s'explique:
Ah! si moi savoir la rubrique....
Babet, moi t'expliquerai ça....

BABET.

Je n'entends rien à tout cela.

DOMINGO.

C'est pourtant clair.

BABET.

Tu peux t'entendre:
Mais moi,
Je suis de bonne foi;
Je n'ai pas l'art de te comprendre.

DOMINGO.

Eh-bien! moi vas me faire entendre
Si clair, que tu vas me comprendre.

Il débite cela très-rapidement.

Moi t'aimer de tout mon cœur,
Rien n'égaler mon ardeur:
N'avoir qu'une seule envie
D'être à toi toute ma vie:
Ah! *(il fait un grand soupir.)*

BABET.

Rien n'est plus clair que cela,
On ne peut pas s'y méprendre;
Domingo, pour ce coup là,
Je commence à te comprendre.

DOMINGO, *vivem. & l'air joyeux.*

Eh-bien! vas-tu, cher amour,
Payer moi d'un doux retour?

BABET.

Doucement, doucement: peste!
Tu me parais un peu leste.
Il faut savoir avant tout,
Si tu seras bien fidelle...

DOMINGO.

Oh! oui, oui, oui, oui, ma belle!
Fidéle & constant sur-tout.

BABET.

Bien constant & bien fidelle.

DOMINGO.

Oui, oui, cent fois oui, ma belle!

BABET.

Eh-bien!

DOMINGO.

Eh-bien!

BABET.

    Nous verrons ça.

DOMINGO.

Ciel! ô ciel! que dis-tu là?

BABET.

Oui, nous verrons ça, te dis-je!

DOMINGO.

Hélas! que ce mot m'afflige!
Babet, promets-moi qu'un jour

Toi payer mon tendre amour
Du plus sincere retour.

BABET.

Oui, peut-être bien qu'un jour
Je payerai ton tendre amour
Du plus sincere retour.

DOMINGO, *sans chanter.*

Promets-le moi.

BABET.	DOMINGO.
Oui, peut-être bien qu'un jour	Ah ! moi faire tant qu'un jour
Je payerai ton tendre amour	Toi payer mon tendre amour
Du plus sincere retour.	Du plus sincere retour.

DOMINGO.

Babet, donner à moi d'avance un petit gage... là... le plus léger de tous (*il veut lui baiser la main.*)

BABET, *retirant sa main.*

Non, non ; continuons plutôt à chercher Paulin & Virginie.

DOMINGO.

Quoi ! rien ?

BABET.

Rien.

DOMINGO.

Allons donc, partons, puisque toi le vouloir ainsi. Vas par-là, & moi par ici : peut-être, à la fin, nous les retrouverons, & le ciel n'être pas si rigoureux que toi, méchante, qui ne vouloir pas aimer le pauvre Domingo... qui t'aimer tant.

OPERA

BABET, *prête à disparaître, d'un air malin.*

Sans adieu, Domingo.

DOMINGO, *d'un air triste.*

Sans adieu, chere amie...

(*Ils partent.*)

SCENE II,

VIRGINIE, PAULIN.

Ils paraissent, à la pointe du rocher, excédés de fatigue : Paulin se soutenant à peine sur un bâton ; Virginie appuyée des deux bras sur Paulin : ils descendent du rocher avec la plus grande difficulté.

MELODRAME.

VIRGINIE.

Ah ! paulin, je n'en puis plus......

PAULIN.

Ma bonne amie, allons, un peu de courage.

VIRGINIE.

Ce n'est pas lui qui me manque.

PAULIN.

Tiens seulement jusqu'à ce tronc d'arbre.

VIRGINIE.

Ah ! c'est tout ce que je pourrai.

PAULIN.
Appuis-toi sur moi tant que tu voudras.
VIRGINIE.
Mais toi-même.
DOMINGO.
Ne crains rien ; la peine & ton danger me donneront encore assez de force.

(*Fin du Mélodrame.*)

VIRGINIE.
Ah ! nous y voilà ; asseyons-nous ici.
PAULIN, *l'aidant à s'asseoir au pied d'un arbre.*
Volontiers ; je suis bien las aussi.... quel lieu solitaire & sauvage ! nous nous sommes mépris dans notre route.
VIRGINIE.
Je croyais pourtant bien que c'était celle par où nous sommes passés ce matin.
PAULIN.
Si je pouvais au moins découvrir un ruisseau, mes forces renaîtraient, & je te conduirais à la plus prochaine habitation.
VIRGINIE.
Ah ! Paulin, nous trouverons ici notre tombeau.
PAULIN.
Notre tombeau ! que dis-tu ? Qui ? toi, mourir, Paulin te perdre ?
VIRGINIE.
Pardonne-moi, mon cher ami, c'est moi qui l'ai voulu.
PAULIN.

OPERA.

PAULIN.

Toi! pas plus que moi. Nos cœurs n'en font qu'un ; un même nœud, un même sentiment ne les rassemble-t-il pas ? il s'agissoit d'une bonne action, ils ont volé au même but ; prends courage, ne t'afflige pas

VIRGINIE.

Ah ! je souffre bien.

PAULIN.

Quel malheur ! quel destin affreux ! mon ame en est confondue. Nous nous empressons d'obliger une malheureuse esclave ; notre zèle est payé du prix le plus flatteur, nous désarmons la maîtresse peu contente de lui pardonner ; elle lui accorde la liberté. Quel commencement plus heureux eût jamais une issue plus fâcheuse ?

VIRGINIE.

Et ma mere, mon cher Paulin.

PAULIN.

Et mon pere !

VIRGINIE.

Dans quelle tristesse profonde ils doivent être plongés tous les deux ! ah ! mon ami, nous nous sommes trop livrés aux premiers mouvemens de nos cœurs, moi sur-tout : que cet exemple nous serve de leçon : oui, je le sens à présent ; une fille bien née ne doit pas même faire une bonne action, sans le consentement de ceux dont elle tient le jour.

D

PAULIN ET VIRGINIE,

PAULIN.

Nous sommes bien à plaindre.

N.º 16. DUO.

Ensemble.

Est-ce donc là la récompense
Due à ce que nous avons fait?

PAULIN.

Ciel inhumain! mais gardons le silence.

Ensemble.

Oui, gardons le silence,
Le plus léger murmure est toujours un forfait.

Ils essaient de se mettre à genoux, mais ils ne le peuvent pas.

Je me prosterne en ta présence,
De l'univers suprême auteur!

PAULIN.

S'il faut une victime à ton courroux vengeur,
Frappe-moi : mais au moins épargne l'innocence.

Ensemble.

VIRGINIE.

{ Grand Dieu! grand dieu! ne nous sépare pas;
je trouverai du moins quelque charme au trépas.

PAULIN.

Grand Dieu! grand Dieu! non, ne l'écoute pas,
Et que je sois tout seul victime du trépas. }

PAULIN.

Virginie, amante si chere!
Le ciel t'écoute, il t'entend;
Oui, tes vœux le rendront moins sévere;
Il voit tes pleurs en cet affreux instant;
Il les voit inonder son plus parfait ouvrage;
Il en aura pitié, ne perdons point courage.

Grand dieu! etc.

VIRGINIE.

Qu'allons-nous devenir?

OPERA.
PAULIN.

Je l'ignore.

VIRGINIE.

Tous deux seuls en ce lieu sauvage, tous deux hors d'état de nous soutenir : la nuit qui s'approche.... quelle situation ! que résoudre ? que faire ?

PAULIN.

Si nous appellions ?

VIRGINIE.

Que veux-tu qui nous réponde en ce séjour solitaire ?

PAULIN.

N'importe ; essayons toujours, & fions-nous à la bonté du ciel : il aura peut-être pitié de nous.

N.° 17. FINALE.
PAULIN.

O peine ! ô douleur infinie !
Il appelle.
Domingo ! Domingo !....
Je n'entends que l'Echo.
Oui, ma chere Virginie,
C'est ici notre tombeau !
O douleur infinie !
(*Il appelle plus fort*) Domingo !

___

SCENE III.

LES MÊMES, DOMINGO.

DOMINGO, *sans qu'on le voie encore*.
Me voici.... Paulin..... seroit-ce vous ?

PAULIN ET VIRGINIE,

PAULIN.

Oui, Domingo près d'ici pourroit être;
Grand Dieu! tu prens pitié de nous.

DOMINGO, *sur le pointe du rocher.*

Moi revoir enfin ce cher maître.
Il descend avec rapidité.
Mais que vois-je? grands Dieux!
Quels maux, divine Virginie!
Quels maux ont pu dans ce séjour affreux?....

VIRGINIE.

Je suis anéantie
De peine, de fatigue.

DOMINGO.

Hélas!

VIRGINIE.

Paulin aussi;
Et malgré nous il faut rester ici.

PAULIN, VIRGINIE.

Virg. Pardonne, ô ma sensible mere!
Paul. Pardonne, ô mon généreux pere!
Un cœur sensible, généreux,
Peut-il redouter ta colere?
Oui, oui, deux cœurs sensibles, généreux,
Doivent trouver grace à tes yeux.

DOMINGO, *à part.*

Que ma force au courage
Ne répond-elle, hélas!
Les porter dans mes bras
Tous les deux, comme en leur jeune âge.
Mais oui, oui, c'est Babet. Babet, Babet, viens çà;
Viens vîte, vîte; les voilà...

SCENE IV.

LES MÊMES, BABET.

BABET, *courant.*

Quoi, vraiment?

OPERA.

DOMINGO.

Oui.

BABET.

Grand Dieu ! daignez m'ôter de peine.
Qu'étiez-vous devenus,
Que depuis ce matin notre recherche est vaine ?

DOMINGO.

Dans le fond de ces bois tous deux s'être perdus :
Hélas ! si toi savoir leur peine....

BABET.

Mais quelle est donc leur peine ?
Quel est leur tourment rigoureux ?

VIRGINIE, PAULIN.

Nous avons trop suivi notre cœur généreux.

PAULIN.

Le sort jaloux ici nous retient tous les deux.

VIRGINIE.

Ah ! ce n'est rien qu'il nous prodigue,
La faim, la soif & la fatigue ;
Mais nos parens .... ô tourment rigoureux !

QUATUOR.

PAULIN, VIRGINIE, DOMINGO, BABET.

Elle: Pardonne, ô ma sensible mere !
Lui : Pardonne, ô mon généreux pere !
Un cœur sensible & généreux
Peut-il redouter ta colère ?
Oui, oui, deux cœurs sensibles, généreux
Doivent trouver grace à tes yeux.

BABET, *à Domingo.*

Quel dommage !

DOMINGO.

Quoi ! quel dommage !...

BABET.

Mais.... que tu sois si vieux.

DOMINGO.
Eh! que dis-tu, Babet? moi n'être pas si vieux.

BABET.
Eh-bien! te sens-tu le courage?

DOMINGO.
De quoi?

BABET.
De les porter tous deux.

DOMINGO.
Oui, oui, Babet, j'y pense;
Et de ce pas j'y cours.
Je vais en grande diligence
Au logis chercher du secours.

BABET.
Allons, fais diligence.

DOMINGO, à part.
Ce que j'étois, moi n'être plus.
à Babet. Oui, oui, moi faire diligence.
à part. Mes efforts sont superflus;
Ce que j'étais moi n'être plus.

Tout ce Dialogue de Babet et Domingo se chante entre eux à part, pendant que Paulin et Virginie chantent à part entre eux:

Pardonne, ô ma sensible mere! etc.

SCENE V.

LES MÊMES SAUVAGES INDIENS, *sur le rocher*

CHŒUR.
Ce sont eux! ô bonheur extrême!
Ce sont eux! oui, ce sont eux-même!

Ils disparoissent un moment et reparaissent avec d'autres

PAULIN, VIRGINIE, BABET, DOMINGO.
Ciel! quel bruit?

OPERA.

BABET.
Je tremble d'effroi.
DOMINGO.
Ne crains rien : calme toi.
CHŒUR DE TOUS LES SAUVAGES, *reparaissant.*
Descendons : ô bonheur extrême !
Ce font eux ; oui, ce font eux-même !
LE CHEF.
Nous, vous connaître.
PAULIN.
Nous !
LE CHEF.
Vous, aimables enfans,
Vous avoir ce matin fait une œuvre admirable :
Nous l'avoir vue, en être encor tout enchantés !
PAULIN.
Eh ! quelle œuvre admirable ?
LE CHEF.
Vous avoir obtenu d'une femme intraitable
Le pardon d'un esclave avec fa liberté.
Ce trait de générosité
Vous rendre à jamais cher à toutes nos peuplades :
L'avoir dit auffitôt à tous mes camarades ;
Eux avoir réfolu, d'un unanime accord,
D'en témoigner à vous notre joyeux transport.
Au Dieu de la lumière,
En tout lieux, en tout tems,
Nous adreffer nos chants :
Notre hommage fincere,
Les adreffer de même à vous, tendres amants !
Les mortels bienfaisants
Sont des Dieux fur la terre
LE CHŒUR *répète* : Au Dieu, &c.
DOMINGO, *à Babet.*
Moi te l'avoir bien dit, moi les connoître bien :
Les gens de mon pays être tous gens de bien.

D 4

PAULIN ET VIRGINIE,

PAULIN, *au Chef.*

Voyez-nous pénétrés d'une reconnoissance
Qui ne sauroit trouver des mots pour l'exprimer :
Quoi ! vos cœurs à ce point daignent nous estimer :
Un simple trait de bienfaisance
Que tout sensible cœur pourrait exécuter,
Devait-il jamais se flatter
D'une si belle récompense ?
Quelle adoucit notre souffrance

LE CHEF.

Quoi ! vous souffrir ! que nous tous être heureux,
Si nous pouvoir finir vos tourmens rigoureux !

DOMINGO.

Eux accablés de fatigue cruelle,
Ne pouvoir pas retourner au logis.
Pour les y reporter, moi, moi bien avoir du zele,
Mais n'avoir plus la force de jadis.

LE CHEF.

Eh-bien ! nous rendre à vous ce bon office.

DOMINGO, *sautant de joie.*

Mes pays, mes amis ! c'est le plus grand service.

LE CHEF, *aux autres Indiens.*

Allons, allons soudain
Former de ces rameaux un double palanquin.

Avec le chef.

Hâtez-vous,

    A l'ouvrage,

Hâtez-vous,

Hâtez-vous,

    Bon courage.

Hâtez-vous,

VIRGINIE, PAULIN, BABET, DOMINGO.

Plus de peine, plus de chagrin.

OPERA.

LES INDIENS.
À l'ouvrage,
Bon courage ;

VIRGINIE, PAULIN.
De vos bontés nous sommes confondus.

LES INDIENS.
C'est secourir l'honneur, la beauté es vertus:
Que tous les blancs n'être t'ils vos emblables

PAULIN, VIRGINIE, BABET, DOMINGO.
Nos
Quel plaisir !   maux succede en ce beau jour
leurs

BABET, DOMINGO.
Ah ! puisse-t-il n'avoir aucun fâcheux retour

LES INDIENS.
Nous, vous guider bientôt jusqu'en votre séjour.

Virginie et Paulin sont conduits par Babet, Domingo et les Indiens avec beaucoup de peine jusqu'au Palanquin. Ils s'y placent et on se met en marche pour les reconduire à leurs habitations ; pendant la marche, les Indiens recommencent l'hymne, Au Dieu de la lumiere, etc.

ACTE TROISIEME.

Le théâtre représente l'extérieur de l'habitation d'Herminie.

SCENE PREMIERE.

HERMINIE, SAINT-ALBE.

HERMINIE.

Ce Capitaine est inflexible. Que nous sommes malheureux, ma chere Virginie ! on veut donc te ravir à ta mère ! Chers enfans ! qu'êtes-vous devenus ?.... Saint-Albe, je ne vois pas revenir Domingo. Ce Capitaine auroit-il exécuté.... Hélas ! nous espérions passer nos jours ici dans le sein du bonheur & de la paix : que notre attente est trompée !

SAINT-ALBE.

Il n'est plus de bonheur pour nous sur la terre ; il va fuir loin de nous avec Virginie.

N.º 18. DUO.

Nos maux sont à leur comble.

SAINT-ALBE.

Ah ! quel excès de peine !

HERMINIE.

Ciel inhumain !

SAINT-ALBE.

Ciel en courroux !

OPERA.

Ensemble.
Nous avons donc bien mérité ta haine,
Que tu lanças sur nous
De si terribles coups !

HERMINIE.
Quel sort affreux !

SAINT-ALBE.
Quel destin est le nôtre !

Ensemble.
Tous deux également plongés dans la douleur ;
L'un n'a pas même la douceur
De pouvoir consoler l'autre.
Ah ! quelle peine ! Ah ! quel malheur !
Qu'il m'accable ! qu'il me tourmente !
Mon ame faible, languissante
N'en peut supporter la rigueur.

On entend de loin la marche des Indiens.

HERMINIE.
Mon cher Saint-Albe, je frissonne :
Entendez-vous ce bruit ? c'est lui, c'est le cruel !
Ah ! Dieu ! mon ame m'abandonne :
Je cède à mon trouble mortel. *Elle s'assied.*

SAINT-ALBE.
Grand Dieu ! quelle est notre misere ?

Il va voir d'où vient ce bruit, & revenant.

Calmez-vous : ce sont mes enfants.

SCENE II.

LES MÊMES, VIRGINIE, PAULIN, BABET, DOMINGO, INDIENS.

CHŒUR D'INDIENS, *à demi-voix & qui augmente peu-à-peu.*
Au Dieu de la lumière.

Sur la fin du chœur Virginie et Paulin paraissent sur les palanquins, on les dépose au fond du théâtre ; Herminie et Saint-Albe vont à eux.

PAULIN ET VIRGINIE,

VIRGINIE, PAULIN.

O mon pere !
O ma mere !
Quel plaisir je ressens !

HERMINIE, SAINT-ALBE.

Mes enfants, mes chers enfants !

LE CHEF.

O trop heureux parens !
Aimer bien ces enfans :
Non, rien n'est plus aimable :
Eux avoir ce matin fait un œuvre admirable,
Qu'à jamais, à jamais célébreront nos chants.
Grace à leurs pleurs, à leur priere,
Une esclave en ce jour voit finir sa misere.

Aimer bien ces enfants, &c.

SAINT-ALBE.

Quels mortels vertueux !

Avec Herminie.

Ciel, juste & généreux,
Charge toi de leur récompense.
Comment, dans ces moments affreux,
Reconnaître leur bienfaisance ?

à Babet et Domingo :   *aux Indiens.*

Donnez-leur tous vos soins : Quelle reconnaissance
pourra jamais ?.....

LE CHEF.

Etre utiles à vous,
Etre assez douce récompense :
Ah ! puissiez-vous encore avoir besoin de nous !
D'un zèle tout semblable avoir vous l'assurance.

Ensemble.

HERMINIE, SAINT-ALBE, VIRGINIE, PAULIN.

Rien ne peut égaler notre reconnoissance.

LES INDIENS.

Oui, d'un zele semblable ayez tous l'assurance.

Les Indiens sortent avec Babet & Domingo.

SCENE III.

HERMINIE, SAINT-ALBE, VIRGINIE, PAULIN.

HERMINIE, *à part.*

Hélas !

VIRGINIE.

Tu soupires ?

PAULIN.

Qu'avez-vous, mon pere ? (*à son pere & à Herminie*) Quoi, vous détournez les yeux !

VIRGINIE, *aux mêmes.*

Vous versez des pleurs ; parlez donc.

SAINT-ALBE.

Laissez-nous, mes enfans : ne nous interrogez pas : vous serez trop tôt instruits de nos malheurs & des vôtres.

N.º 19 AIR.

VIRGINIE.

Ma mere, seul bonheur, seul plaisir de ma vie,
Tu n'aimes donc plus Virginie ?
Elle ne peut donc plus partager ta douleur ?
Elle a pourtant toujours le même cœur,
Le même amour pour toi : parle avec confiance ;
Soit sure, quelque soit le mal que tu ressens,
Qu'il ne peut égaler la rigueur des tourments
Que me fait éprouver ton funeste silence.

Ma mere, &c.

HERMINIE.

O malheureuse fille !

VIRGINIE.

Ciel ! que dis-tu ?

HERMINIE.

O cent fois plus malheureuse mere !

VIRGINIE.

Parlez.

HERMINIE.

Je ne le puis.

VIRGINIE, *se jettant à genoux.*

Je t'en conjure.

HERMINIE.

Je n'y saurois tenir.

PAULIN.

Quel mystère ! Herminie.... expliquez-vous.

HERMINIE.

Il faut rompre le silence..... Tiens, cher Paulin, lis, & pèse bien ces mots, ces mots affreux, auteurs de notre misere.

Paulin lit la lettre.

« *Vous avez mérité votre sort pour avoir épousé un aventurier. Vous éprouvez que les passions portent avec elles leur châtiment ; et la mort de votre mari est une juste punition du ciel. Vous avez bien fait de passer aux Isles plutôt que de déshonorer ma famille ; (quel insolent orgueil !) au reste, vous êtes dans un bon pays, où tout le monde fait fortune, excepté les paresseux. Je vous engage cependant à passer en France : mais si votre santé ne vous permet pas d'entreprendre un si long voyage, envoyez-moi Virginie, à laquelle je destine tous mes biens, et la main d'un époux digne de mon rang.*

» *En cas de refus, le Capitaine exécutera forcément les ordres dont il est chargé.* »

SCENE IV.

SAINT-ALBE, PAULIN.

PAULIN, *accourant désolé.*

O RAGE! ô douleur infinie!
Qui? moi, perdre ma Virginie!
Plutôt perdre cent fois la vie
Que de souffrir un tel malheur!

SAINT-ALBE.

Mon fils, calme cette furie.
Ecoute-moi, je t'en supplie:
Ah! vois mon ame anéantie
Sous le fardeau de la douleur!

PAULIN.

Oui! tout redouble ma furie.
On veut m'enlever Virginie...
Oui, je perdrai plutôt la vie
Que de souffrir un tel malheur:

SAINT-ALBE.

Ecoute-moi, je t'en supplie.

PAULIN.

Moi, souffrir cette perfidie!

Ensemble.

PAULIN.

Oui, je perdrai plutôt la vie
Que de souffrir un tel malheur.

SAINT-ALBE.

Ah! mon ame est anéantie
Sous le fardeau de la douleur.

SCENE V.

LES MÊMES, VIRGINIE.

VIRGINIE, *accourant désolée.*

O PEINE! ô douleur infinie!

O malheureuse Virginie !
Ah ! je perdrai plutôt la vie
Que de souffrir cette rigueur.

PAULIN, *la prenant.*

Viens dans mes bras, ma Virginie :
Ah ! n'y crains plus rien pour ta vie ;
La mienne me sera ravie
Avant de souffrir ce malheur.

SAINT-ALBE.

Ah ! mon ame est anéantie
Sous le fardeau de la douleur.

PAULIN.

Injuste ! barbare Herminie !
Tu veux m'ôter ma Virginie !
Je souffrirais un tel malheur ?

VIRGINIE.

Paulin, ô moitié de ma vie !
Qui l'aurait dit que Virginie
Eprouveroit un tel malheur !

PAULIN.

Qu'il vienne ici ton ravisseur.

Ensemble.

PAULIN.

Il faudra qu'il m'ôte la vie
Avant de souffrir ce malheur.

VIRGINIE.

Oui, je perdrai plutôt la vie
Que de souffrir cette rigueur.

SAINT-ALBE.

Ah ! mon ame est anéantie
Sous le fardeau de la douleur.

PAULIN, *appercevant Herminie.*

Que vois-je, ô douleur infinie !
C'est cette cruelle Herminie
Qui veut m'ôter ma Virginie
O peine ! ô funeste malheur

SCENE VI.

SCENE VI.

SAINT-ALBE, PAULIN.

Oui, c'est elle, c'est Herminie,
Qui veut t'ôter ta Virginie :

HERMINIE.

Mais écoute, je t'en supplie,
Et prends pitié de mon malheur.

PAULIN.

Vous écouter, cruel auteur
De tous les tourments de ma vie.

Ensemble.

PAULIN.

Je perdrai plutôt la vie
Que de souffrir un tel malheur.

VIRGINIE.

Ah ! j'en perdrai plutôt la vie
Que de souffrir cette rigueur.

HERMINIE.

Ecoute-moi je t'en supplie,
Et prends pitié de mon malheur.

SAINT-ALBE.

Ah mon ame est anéantie
Sous le fardeau de la douleur.

HERMINIE, *à Paulin.*

Je t'en conjure, calme-toi un moment
coute moi, Paulin, mon ami, mon fils !

PAULIN.

Moi, votre fils ! vous, ma mere ! vous,
barbare qu, sans pitié, trahissant tout,

l'honneur, l'amour, la tendresse, me privez de ce que j'ai de plus cher au monde.

HERMINIE.

Mais encore une fois, écoute.

PAULIN, *lui rendant la lettre.*

Eh ! que me fait cette lettre ; son style ne sert qu'à me confondre & à m'irriter. Peut-elle avoir le moindre droit sur mon cœur ? peut-elle m'ôter tous ceux que j'ai sur votre fille & sur vous ? oui, oui, sur vous. Ne vous souvient-il plus que quand vous nous teniez dans vos bras, Virginie & moi, jeunes enfans tous les deux, vous nous avez cent fois unis ensemble, en nous donnant les noms d'époux que vous trouviez alors si doux & si charmans ? Ne vous souvient-il plus que cette chere Virginie fut toujours tout pour moi ? qu'elle est mon bien, ma richesse, mon bonheur, mon espérance, mon unique espérance ! & vous voulez aujourd'hui, d'un cœur, d'un cœur de feu, comme le mien, arracher la flamme dévorante que vous y avez allumée, que vous y avez entretenue ? — Eh-bien ! si ma juste fureur ne peut s'assouvir dans le sang de mon lâche ravisseur, du moins le barbare ne m'empêchera pas de m'attacher jusqu'à la mort sur les traces de ma Virginie.

AIR.

Du bord escarpé du rivage,
Je me lance au sein des flots ;
Et j'y prétends suivre à la nage
Mon bien, ma vie & mon repos.

A Virginie.
Je ne pourrai long-tems te suivre ;

OPERA.

Mais du moins je serai content,
Si je puis, en cessant de vivre,
Te voir jusqu'au dernier instant.

A Herminie.

Puisse, Herminie! un flot propice
Rapporter bientôt à vos yeux
La victime d'un sacrifice
Si cruel & si douloureux !
Puisse un œil de pitié se retourner vers elle!
Puisse, pour prix d'un amour si fidelle,
Vous échapper, en ce moment affreux,
Quelques soupirs & quelques faibles larmes !
Si je suis malheureux, au moins mon ombre alors
Goûtera quelques charmes
Dans le sombre empire des morts.

Du bord escarpé, &c.

Cruel ! que tu te plais à me déchirer le cœur !

SCÈNE IX.

LES MÊMES, DOMINGO, BABET.

DOMINGO, *tristement.*

Ah! n'être plus moyen de s'en défendre. Déjà plus de la moitié de ses gens être sur le vaisseau.

HERMINIE.

Hélas !

VIRGINIE.

Juste Ciel !

BABET.

Le voici, ce cruel capitaine.

E 2

PAULIN.

A son nom seul, je sens mon cœur se gonfler de rage.

HERMINIE.

Calme-toi.

VIRGINIE.

Quel moment!

SAINT-ALBE.

Mon fils!

SCENE VIII.

LES MÊMES, LE CAPITAINE, SOLDATS.

LE CAPITAINE.

Madame, je suis prêt à partir; il faut faire avertir Mademoiselle votre fille.... seroit-ce elle que je vois?

HERMINIE.

Oui, Monsieur.

LE CAPITAINE.

Elle est jeune & belle: on ne peut avoir un air plus intéressant.... j'aurai soin d'un dépôt si précieux. Mais le tems presse; il faut vous séparer; allons.

PAULIN, *s'emparant de Virginie.*

Eh quoi! mere faible & insensible, sur une simple

lettre, vous souffrez qu'on vous enlève l'unique objet à qui vous avez donné le jour! mon épouse, mon amante, ma Virginie, ce que le ciel a produit de plus parfait, pour la remettre.... à qui? j'en frémis de rage & d'horreur; pour la remettre à la plus cruelle, à la plus méchante des femmes, qui fait périr son propre frere. Ah! c'en est trop; oui, c'en est trop, Madame. Si la nature peut se taire au fond de votre cœur, l'amour réclame au fond du mien contre un acte injuste, tyrannique, dont s'indignent la tendresse & l'honneur.

LE CAPITAINE, *mettant la main sur son épée.*

L'honneur, jeune imprudent!

PAULIN.

Traitez-moi d'imprudent, d'insensé; peu m'importe. Elle a ma foi; tous mes jours lui sont consacrés; nos liens sont si forts que rien, dans la nature, ne sauroit les briser.

LE CAPITAINE.

Il est tems d'arrêter ce fougueux délire. (*à Herminie*) Vous savez ce que prescrit la lettre de sa tante; y souscrivez-vous?

HERMINIE.

Puis-je donc leur causer ce chagrin mortel!

LE CAPITAINE, *lui montrant la lettre de cachet.*

Eh-bien! vous vous rendrez peut-être aux ordres portés dans celle-ci.

Il la lui remet.

E 3

FINALE.

HERMINIE.

C'en est fait, nous sommes perdus.
Le monstre ! ah ! quel malheur ! quel sort épouvantable !

SAINT-ALBE.

D'où vient donc tout-à-coup la douleur qui l'accable ?

HERMINIE.

Ah ! quel trouble saisit mes esprits éperdus !

VIRGINIE.

Ciel !... ma mere !... Paulin !...

PAULIN.

Je suis hors de moi-même.

A compter de ces mots, Paulin reste muet et immobile, jusqu'au moment où le Capitaine donne ordre d'enlever Virginie.

HERMINIE.

Monsieur, voyez ma peine extrême.
Si vous me l'enlevez, vous m'allez voir mourir.

VIRGINIE, *à genoux.*

Je tombe à vos genoux, Monsieur ; je vous en prie,
　Monsieur, laissez-vous attendrir ;
Arrachez-moi plutôt la vie.

HERMINIE, SANT-ALBE, BABET, DOMINGO, *aussi à genoux.*

Ah ! Monsieur, laissez-vous fléchir.

LE CAPITAINE.

Je suis fâché de votre peine ;

OPERA.

Mais je ne puis différer de partir.
Mes ordres sont précis ; il faut que je l'emmène.
Allons, venez. *Il va pour prendre Virginie.*

PAULIN, *s'en saisissant.*

Au Cap. Cruel ! *à Virg.* Ne sort point de mes bras.

LE CAPITAINE.

Ah ! c'en est trop enfin ;
Soldats, faites votre devoir.

Plusieurs Soldats entourant Paulin et Saint-Albe, d'autres s'emparent de Virginie.

HERMINIE, *tombant évanouie.*

Ah ! je me meurs.

PAULIN, *se débattant.*

Barbare !

SAINT-ALBE.

Quoi, contre un vieillard désarmé !
Ciel ! à ce point peut-on être opprimé !

VIRGINIE.

Paulin.

PAULIN.

Ma Virginie !

VIRGINIE, *qu'on entraîne.*

Hélas ! on nous sépare.

PAULIN, *faisant effort pour aller à elle.*
Rendez-là moi.

VIRGINIE.
Paulin !

PAULIN.
Ma Virginie !

VIRGINIE, *disparaissant.*
Ah, Dieu !

Les Soldats qui entourent Paulin et Saint-Albe, les laissent, et vont rejoindre les autres.

SCENE IX.

HERMINIE, *évanouie* ; SAINT-ALBE, PAULIN, BABET, DOMINGO.

PAULIN, *courant pour se jeter à la mer.*
O mort ! délivre moi de ce tourment horrible.

LE SOLDAT, *l'arrêtant.*
Qu'allez-vous faire ?

SAINT-ALBE, *l'arrêtant aussi.*
O ciel !

BABET, *de même.*
O ciel ! est-il possible ?

PAULIN.
Laissez-moi mettre fin à mes maux rigoureux.

SAINT-ALBE.
Mon fils.

OPERA.

PAULIN.
Laissez ; je cede à leurs excès affreux.
O ma mere ! *Il se précipite aux pieds d'Herminie.*
Le théâtre s'obscurcit peu-à-peu.

BABET.
Quel bruit sourd & confus se répand dans les airs !

DOMINGO.
Quels nuages épais les couvrir de leur ombre !

SAINT-ALBE.
Le feu rapide des éclairs
Brille dans ce séjour pour le rendre plus sombre ;
La foudre au loin murmure & s'avance à grands pas.

DOMINGO.
Dieux, quels éclairs !

BABET.
Dieux, quels éclats !

Tous trois.
Dieu, grand Dieu ! sois nous favorable :
Exauce-nous, Dieu tout-puissant ;
Ne tonne que sur le coupable,
Et daigne épargner l'innocent.

HERMINIE, *revenant à elle.*
O ciel ! quel bruit épouvantable
Me rend l'usage de mes sens.

HERMINIE, BABET, DOMINGO.
Quel effroi terrible m'accable !

PAULIN, SAINT-ALBE.
Quel malheur horrible m'accable !

TOUS CINQ.
Quel trouble horrible je ressens !
Dieu ! grand Dieu, &c.

PAULIN, *à part.*
Ma peine est à son comble : elle est insupportable ;
Il faut y m'être fin,   *Il sort rapidement.*

HERMINIE.
Quel trouble dans ses yeux !

PAULIN ET VIRGINIE,

SAINT-ALBE.

Mon fils, mon fils.

HERMINIE.

Paulin.

TOUS QUATRE.

Voudrait-on trancher son destin ?
Courons tous prévenir ce malheur effroyable.

Le théâtre change et représente la mer ; on voit l'extrémité de la poupe d'un vaisseau et un rocher qui domine sur la mer.

SCENE X.

VIRGINIE, LE CAPITAINE, SOLDATS, INDIENS.

Ces derniers ne paroissent pas tout de suite.

Les Soldats transportent Virginie évanouie et écheveléc.

CHŒUR DE SOLDATS.

HATONS-nous ; hâtons-nous : *ils passent dans la coulisse.*

CHŒUR D'INDIENS, *les poursuivant.*

Arrêtez, Arrêtez.

Ils passent aussi dans la coulisse, et l'on entend des coups de fusils, de sabres.

Il faut mourir, ou la reprendre :
Courons, volons : en vain vous l'emporterez :
Il faut mourir, ou nous la rendre.

CHŒUR D'INDIENS.

Arme-toi, ciel vengeur !
Tonne, sers notre zele :
Qu'une amante fidelle
Nous doive son bonheur.

» *Ici on voit les Soldats prêts à faire entrer Virginie*
» *dans le vaisseau et les Indiens accourir pour les en*
» *d'empêcher : dans le moment, où quelques-uns sont sur la*
» *planche prêts à entraîner Virginie, la foudre tombe sur*
» *le Vaisseau, les Soldats tombent dans la mer, et*
» *Virginie est arrachée de leurs mains par les Indiens.*

LE CHEF, *tenant Virginie dans ses bras; & le* CHŒUR.

La voici, la voici ; céleste Virginie,
 Dissipe tes frayeurs :
 Mets fin à tes douleurs ;
 Ne crains rien pour ta vie ;
 Dissipe tes frayeurs.

SCENE XII.

LES MÊMES, PAULIN, *sur la pointe du rocher prêt à se jetter dans la mer.*

PAULIN.

Virginie, o ma Virginie !

LES INDIENS.

Arrête, cher Paulin..... que vas-tu faire ? o cieux.

Il descend du rocher très rapidement.

PAULIN, *aux Indiens.*

O mortels généreux !
Que ne vous dois-je pas, ma chere Virginie !
Est-ce bien toi que contemplent mes yeux ?

DUO.

Ouvre les tiens : o moitié de ma vie !
C'est ton amant qui te tient dans ses bras.

VIRGINIE, *revenant à elle peu-à-peu.*

Hélas ! où suis-je ? & quelle voix chérie
Vient m'appeller aux portes du trépas.

PAULIN.

C'est ton amant, o moitié de ma vie !
Oui, c'est Paulin qui te tient dans ses bras.

VIRGINIE.

Je te revois, o moité de ma vie !
Mon cher Paulin, je te tiens dans mes bras :
 Que mon sort a d'appas !

Ensemble.

Que mon sort a d'appas !

SCENE XII.

LES MÊMES, HERMINIE, SAINT-ALBE.

LE CHEF.

Accourez, la voici.

HERMINIE, SAINT-ALBE.

Quoi, c'est elle !

LE CHEF.

Elle-même.

HERMINIE, SAINT-ALBE.

O ma fille !

VIRGINIE.

Ma mere.

TOUS CINQ.

Ah quel bonheur suprême !
Quel plaisir règne dans mes sens !

SCENE XIII.

LES MÊMES, BABET.

BABET.

C'est elle ! o moment plein de charmes !
Puisses-tu durer à jamais !

SCENE XIV ET DERNIERE.

LES MÊMES, DOMINGO.

DOMINGO.

Quoi, c'est elle ! ah ! combien le plaisir a d'attraits
Après de si tristes alarmes.

CHŒUR.

O moment plein de charmes !
Puissiez-vous durer à jamais !

VIRGINIE, PAULIN.

lui Mon pere,
         assurez-en à jamais la durée.
elle Ma mere,

HERMINIE, SAINT-ALBE.

Voyez-nous répondre à vos vœux ;
Que votre peine, amans heureux !
Par le plaisir soit réparée.

CHŒUR GENERAL.

Quel jour heureux pour nous !
Ah ! quelle heureuse jouissance !
Ciel généreux, à ton courroux
Tu fais succéder la clémence.

SAINT-ALBE, *reprend son air du premier Acte.*

Voilà mes plaisirs les plus doux, &c.

FIN.

De l'Imprimerie des SOURDS-MUETS, rue
du Petit-Musc, près l'Arsenal..

www.ingramcontent.com/pod-product-compliance
Lightning Source LLC
LaVergne TN
LVHW020952090426
835512LV00009B/1861